卞尺丹几乙し丹卞と

Translated Language Learning

El Ruiseñor y la Rosa

The Nightingale and The Rose

Oscar Wilde

Español / English

Copyright © 2023 Tranzlaty
All rights reserved
ISBN: 978-1-83566-002-7

Original text by Oscar Wilde
The Nightingale and the Rose
Written in 1888 in English

www.tranzlaty.com

El Ruiseñor y la Rosa
The Nightingale and The Rose

"Ella dijo que bailaría conmigo si le traía rosas rojas"
'She said that she would dance with me if I brought her red roses'
"Pero en todo mi jardín no hay rosa roja", gritó el joven estudiante
'but in all my garden there is no red rose' cried the young Student
Desde su nido en la encina el ruiseñor lo oyó
from her nest in the holm-oak tree the nightingale heard him
y miró a través de las hojas, y se preguntó.
and she looked out through the leaves, and wondered

"¡No hay rosa roja en todo mi jardín!", gritó.
'No red rose in all my garden!' he cried
y sus hermosos ojos llenos de lágrimas
and his beautiful eyes filled with tears
'¡De qué pequeñas cosas depende la felicidad!'
'On what little things does happiness depend!'
"He leído todo lo que los sabios han escrito"
'I have read all that the wise men have written'
"Todos los secretos de la filosofía son míos"
'all the secrets of philosophy are mine'
"Sin embargo, por falta de una rosa roja, mi vida se vuelve miserable"
'yet for want of a red rose my life is made wretched'

"Aquí por fin hay un verdadero amante", dijo el ruiseñor.

'Here at last is a true lover' said the nightingale
"Noche tras noche he cantado de él, aunque no lo conocía"
'Night after night have I sung of him, though I knew him not'
"Noche tras noche he contado su historia a las estrellas"
'Night after night have I told his story to the stars'
'y ahora lo veo'
'and now I see him'

"Su cabello es tan oscuro como la flor de jacinto"
'His hair is as dark as the hyacinth-blossom'
"Y sus labios son tan rojos como la rosa de su deseo"
'and his lips are as red as the rose of his desire'
"Pero la pasión ha hecho su rostro como marfil pálido"
'but passion has made his face like pale Ivory'
"Y el dolor ha puesto su sello sobre su frente"
'and sorrow has set her seal upon his brow'

"El príncipe ha organizado un baile mañana", dijo el joven estudiante
'The Prince has organized a ball tomorrow' said the young student
'Y mi amor estará allí'
'and my love will be there'
"Si le traigo una rosa roja, bailará conmigo"
'If I bring her a red rose, she will dance with me'
"Si le traigo una rosa roja, la sostendré en mis brazos"
'If I bring her a red rose, I will hold her in my arms'
'Y ella apoyará su cabeza sobre mi hombro'
'and she will lean her head upon my shoulder'

'Y su mano estará entrelazada en la mía'
'and her hand will be clasped in mine'

"Pero no hay rosa roja en mi jardín"
'But there is no red rose in my garden'
'Así que me sentaré solo'
'so I will sit lonely'
'Y ella pasará más allá de mí'
'and she will go past me'
'Ella no me hará caso'
'She will have no heed of me'
'Y mi corazón se romperá'
'and my heart will break'

"Aquí está el verdadero amante", dijo el ruiseñor.
'Here indeed is the true lover' said the nightingale
'Lo que canto de él sufre'
'What I sing of he suffers'
"Lo que es alegría para mí es dolor para él"
'what is joy to me is pain to him'
"Seguramente el amor es algo maravilloso"
'Surely love is a wonderful thing'
"El amor es más precioso que las esmeraldas"
'love is more precious than emeralds'

"Y el amor es más querido que los ópalos finos"
'and love is dearer than fine opals'
"Las perlas y las granadas no pueden comprar el amor"
'Pearls and pomegranates cannot buy love'
"Tampoco se vende el amor en el mercado"
'nor is love sold in the market-place'

"El amor no se puede comprar a los comerciantes"
'love can not be bought from merchants'
"Tampoco se puede pesar el amor en una balanza por el oro"
'nor can love be weighed on a balance for gold'

"Los músicos se sentarán en su galería", dijo el joven estudiante
'The musicians will sit in their gallery' said the young student
'Y tocarán sus instrumentos de cuerda'
'and they will play upon their stringed instruments'
'Y mi amor bailará al son del arpa'
'and my love will dance to the sound of the harp'
'Y ella bailará al son del violín'
'and she will dance to the sound of the violin'
"Ella bailará tan ligeramente que sus pies no tocarán el suelo"
'She will dance so lightly her feet won't touch the floor'

"Y los cortesanos se amontonarán a su alrededor"
'and the courtiers will throng round her'
'Pero ella no bailará conmigo'
'but she will not dance with me'
'Porque no tengo rosa roja para darle'
'because I have no red rose to give her'
Se arrojó sobre la hierba
he flung himself down on the grass
y enterró su rostro en sus manos y lloró
and he buried his face in his hands and wept

"¿Por qué está llorando?", preguntó un pequeño lagarto verde.
'Why is he weeping?' asked a little Green Lizard
mientras pasaba corriendo con la cola en el aire
while he ran past with his tail in the air
"¿Por qué?", dijo una mariposa.
'Why indeed?' said a Butterfly
mientras revoloteaba después de un rayo de sol
while he was fluttering about after a sunbeam
"¿Por qué?", susurró una margarita a su vecino en voz baja y suave.
'Why indeed?' whispered a daisy to his neighbour in a soft, low voice

"Está llorando por una rosa roja", dijo el ruiseñor.
'He is weeping for a red rose' said the nightingale
"¿¡Por una rosa roja!?", exclamaron.
'For a red rose!?' they exclaimed
'¡Qué ridículo!'
'how very ridiculous!'
y el pequeño lagarto, que era algo cínico, se rió abiertamente.
and the little Lizard, who was something of a cynic, laughed outright

Pero el ruiseñor entendió el secreto del dolor del estudiante.
But the nightingale understood the secret of the student's sorrow
y se sentó en silencio en el roble
and she sat silent in the oak-tree

Y pensó en el misterio del amor
and she thought about the mystery of love
De repente extendió sus alas marrones
Suddenly she spread her brown wings
y ella se elevó en el aire
and she soared into the air

Pasó por la arboleda como una sombra
She passed through the grove like a shadow
y como una sombra navegó por el jardín
and like a shadow she sailed across the garden
En el centro del jardín había un hermoso rosal
In the centre of the garden was a beautiful rose-tree
y cuando vio el rosal, voló hacia él
and when she saw the rose-tree, she flew over to it
y se posó sobre una ramita
and she perched upon a twig

"Dame una rosa roja", gritó.
'Give me a red rose' she cried
"Dame una rosa roja y te cantaré mi canción más dulce"
'give me a red rose and I will sing you my sweetest song'
Pero el Árbol sacudió la cabeza
But the Tree shook its head
"Mis rosas son blancas", respondió el rosal.
'My roses are white' the rose-tree answered

'Tan blanco como la espuma del mar'
'as white as the foam of the sea'
'y más blanca que la nieve sobre la montaña'
'and whiter than the snow upon the mountain'

"Pero ve a mi hermano que crece alrededor del viejo reloj de sol"
'But go to my brother who grows round the old sun-dial'
'Tal vez él te dará lo que quieres'
'perhaps he will give you what you want'

Entonces el ruiseñor voló hacia su hermano
So the nightingale flew over to his brother
El rosal que crece alrededor del viejo reloj de sol
the rose-tree growing round the old sun-dial
"Dame una rosa roja", gritó.
'Give me a red rose' she cried
"Dame una rosa roja y te cantaré mi canción más dulce"
'give me a red rose and I will sing you my sweetest song'
Pero el rosal sacudió la cabeza
But the rose-tree shook its head
"Mis rosas son amarillas", respondió el rosal
'My roses are yellow' the rose-tree answered

'Tan amarillo como el pelo de una sirena'
'as yellow as the hair of a mermaid'
'y más amarillo que el narciso que florece en el prado'
'and yellower than the daffodil that blooms in the meadow'
'Antes de que el cortacésped venga con su guadaña'
'before the mower comes with his scythe'
"Pero ve a mi hermano que crece debajo de la ventana del estudiante"
'but go to my brother who grows beneath the student's window'
'Y tal vez él te dará lo que quieres'
'and perhaps he will give you what you want'

Entonces el ruiseñor voló hacia su hermano
So the nightingale flew over to his brother
El rosal que crece debajo de la ventana del estudiante
the rose-tree growing beneath the student's window
"Dame una rosa roja", gritó.
'give me a red rose' she cried
"Dame una rosa roja y te cantaré mi canción más dulce"
'give me a red rose and I will sing you my sweetest song'
Pero el rosal sacudió la cabeza
But the rose-tree shook its head

"Mis rosas son rojas", respondió el rosal
'My roses are red' the rose-tree answered
'Tan rojo como los pies de la paloma'
'as red as the feet of the dove'
'Y más rojo que los grandes fans del coral'
'and redder than the great fans of coral'
'Los corales que se mecen en la caverna oceánica'
'the corals that sway in the ocean-cavern'

"Pero el invierno me ha helado las venas"
'But the winter has chilled my veins'
'Y la escarcha ha mordido mis cogollos'
'and the frost has nipped my buds'
'Y la tormenta ha roto mis ramas'
'and the storm has broken my branches'
"Y no tendré rosas este año"
'and I shall have no roses at all this year'

"Una rosa roja es todo lo que quiero", gritó el ruiseñor.
'One red rose is all I want' cried the nightingale

'¿No hay manera de que pueda conseguirlo?'
'Is there no way by which I can get it?'
"Hay una manera", respondió el rosal.
'There is a way' answered the rose-tree'
"Pero es tan terrible que no me atrevo a decírtelo"
'but it is so terrible that I dare not tell you'
"Dime", dijo el ruiseñor.
'Tell it to me' said the nightingale
'No tengo miedo'
'I am not afraid'

"Si quieres una rosa roja", dijo el rosal.
'If you want a red rose' said the rose-tree
"Si quieres una rosa roja, debes construir la rosa con música"
'if you want a red rose you must build the rose out of music'
'Mientras la luz de la luna brilla sobre ti'
'while the moonlight shines upon you'
"Y debes manchar la rosa con la sangre de tu propio corazón"
'and you must stain the rose with your own heart's blood'

"Debes cantarme con tu pecho contra una espina"
'You must sing to me with your breast against a thorn'
'Toda la noche debes cantarme'
'All night long you must sing to me'
'La espina debe atravesar tu corazón'
'the thorn must pierce your heart'
"Tu sangre vital debe fluir por mis venas"
'your life-blood must flow into my veins'
"Y tu sangre vital debe convertirse en la mía"

'and your life-blood must become my own'

"La muerte es un alto precio a pagar por una rosa roja", gritó el ruiseñor
'Death is a high price to pay for a red rose' cried the nightingale
"La vida es muy querida para todos"
'life is very dear to all'
"Es agradable sentarse en el bosque verde"
'It is pleasant to sit in the green wood'
"Es agradable ver el sol en su carro de oro"
'it is nice to watch the sun in his chariot of gold'
"Y es agradable ver la luna en su carro de perlas"
'and it is nice to watch the moon in her chariot of pearl'

'Dulce es el aroma del espino'
'sweet is the scent of the hawthorn'
'Dulces son las campanillas que se esconden en el valle'
'sweet are the bluebells that hide in the valley'
"Y dulce es el brezo que sopla en la colina"
'and sweet is the heather that blows on the hill'
"Sin embargo, el amor es mejor que la vida"
'Yet love is better than life'

"¿Y qué es el corazón de un pájaro comparado con el corazón de un hombre?"
'and what is the heart of a bird compared to the heart of a man?'
Así que extendió sus alas marrones para volar.
So she spread her brown wings for flight
y ella se elevó en el aire

and she soared into the air
Barrió el jardín como una sombra
She swept over the garden like a shadow
y como una sombra navegó por la arboleda
and like a shadow she sailed through the grove

El joven estudiante todavía estaba tirado en el jardín
The young Student was still lying in the garden
y sus lágrimas aún no estaban secas en sus hermosos ojos
and his tears were not yet dry in his beautiful eyes
"Sé feliz" gritó el ruiseñor
'Be happy' cried the nightingale
'Tendrás tu rosa roja'
'you shall have your red rose'
'Haré tu rosa de la música'
'I will make your rose out of music'
'Mientras la luz de la luna brilla sobre mí'
'while the moonlight shines upon me'

"Y mancharé tu rosa con la sangre de mi propio corazón"
'and I will stain your rose with my own heart's blood'
"Todo lo que te pido a cambio es que seas un verdadero amante"
'All that I ask of you in return is that you will be a true lover'
"Porque el amor es más sabio que la filosofía, aunque ella es sabia"
'because love is wiser than Philosophy, though she is wise'
"Y el amor es más poderoso que el poder, aunque él es poderoso"
'and love is mightier than power, though he is mighty'

'De color llama son sus alas'
'flame-coloured are his wings'
"Y coloreado como la llama es su cuerpo"
'and coloured like flame is his body'
"Sus labios son tan dulces como la miel"
'His lips are as sweet as honey'
'Y su aliento es como incienso'
'and his breath is like frankincense'

El estudiante levantó la vista de la hierba
The Student looked up from the grass
y escuchó al ruiseñor
and he listened to the nightingale
pero él no podía entender lo que ella estaba diciendo
but he could not understand what she was saying
porque solo sabía lo que había leído en los libros
because he only knew what he had read in books
Pero el roble entendió, y se sintió triste.
But the Oak-tree understood, and he felt sad

Le gustaba mucho el pequeño ruiseñor
he was very fond of the little nightingale
porque ella había construido su nido en sus ramas
because she had built her nest in his branches
"Canta una última canción para mí", susurró.
'Sing one last song for me' he whispered
"Me sentiré muy solo cuando te hayas ido"
'I shall feel very lonely when you are gone'
Así que el ruiseñor le cantó al roble
So the nightingale sang to the Oak-tree

y su voz era como agua burbujeando de un frasco de plata
and her voice was like water bubbling from a silver jar

Cuando terminó su canción, la estudiante se levantó
When she had finished her song the student got up
y sacó un cuaderno de notas
and he pulled out a note-book
y encontró un lápiz de plomo en su bolsillo
and he found a lead-pencil in his pocket
"Ella tiene forma", se dijo a sí mismo.
'She has form' he said to himself
"No se le puede negar que tiene forma"
'that she has form cannot be denied to her'
'¿Pero tiene sentimiento?'
'but does she have feeling?'
"Me temo que no tiene sentimientos"
'I am afraid she has no feeling'

"De hecho, ella es como la mayoría de los artistas"
'In fact, she is like most artists'
"Ella es todo estilo, sin ninguna sinceridad"
'she is all style, without any sincerity'
"Ella no se sacrificaría por los demás"
'She would not sacrifice herself for others'
"Ella piensa simplemente en la música"
'She thinks merely of music'
"Y todo el mundo sabe que las artes son egoístas"
'and everybody knows that the arts are selfish'

"Aún así, hay que admitir que tiene algunas notas hermosas"
'Still, it must be admitted that she has some beautiful notes'
"Es una pena que su canción no signifique nada"
'it's a pity her song does not mean anything'
"Y es una pena que su canción no sea útil"
'and it's a pity her song is not useful'
Y entró en su habitación
And he went into his room
y se acostó en su pequeña cama de paleta
and he lay down on his little pallet-bed
y comenzó a pensar en su amor hasta que se durmió
and he began to think of his love until he fell asleep

Y cuando la luna brilló en los cielos, el ruiseñor voló hacia el árbol de rosa
And when the moon shone in the heavens the nightingale flew to the Rose-tree
y puso su pecho contra la espina
and she set her breast against the thorn
Toda la noche cantó con el pecho contra la espina
All night long she sang with her breast against the thorn
y la fría Luna de cristal se inclinó y escuchó
and the cold crystal Moon leaned down and listened
Toda la noche cantó
All night long she sang
y la espina se adentró más y más en su pecho.
and the thorn went deeper and deeper into her breast
y su sangre vital se alejó de ella
and her life-blood ebbed away from her

Primero cantó sobre el nacimiento del amor en el corazón de un niño y una niña
First she sang of the birth of love in the heart of a boy and a girl
Y en la rama más alta del rosal floreció una maravillosa rosa
And on the topmost branch of the rose-tree there blossomed a marvellous rose
pétalo seguido de pétalo, como canción siguió canción
petal followed petal, as song followed song
Al principio la rosa todavía estaba pálida
At first the rose was still pale

Tan pálida como la niebla que se cierne sobre el río
as pale as the mist that hangs over the river
tan pálido como los pies de la mañana
as pale as the feet of the morning
y tan plateado como las alas del amanecer
and as silver as the wings of dawn
Como pálida la sombra de una rosa en un espejo de plata
As pale the shadow of a rose in a mirror of silver
tan pálido como la sombra de una rosa en un charco de agua
as pale as the shadow of a rose in a pool of water

Pero el árbol clamó al ruiseñor;
But the Tree cried to the nightingale;
"Presiona más cerca, pequeño ruiseñor, o llegará el día antes de que la rosa haya terminado"

'Press closer, little nightingale, or the day will come before the rose is finished'

Así que el ruiseñor presionó más cerca contra la espina
So the nightingale pressed closer against the thorn
y su canción se hizo cada vez más fuerte
and her song grew louder and louder
Porque cantó sobre el nacimiento de la pasión en el alma de un hombre y una doncella
because she sang of the birth of passion in the soul of a man and a maid

Y las hojas de la rosa se sonrojaron de un delicado color rosa
And the leaves of the rose flushed a delicate pink
Como el rubor en la cara del novio cuando besa los labios de la novia
like the flush in the face of the bridegroom when he kisses the lips of the bride
Pero la espina aún no había llegado a su corazón
But the thorn had not yet reached her heart
Así que el corazón de la rosa permaneció blanco
so the rose's heart remained white
Porque solo la sangre de un ruiseñor puede crimson el corazón de una rosa
because only a nightingale's blood can crimson the heart of a rose

Y el árbol clamó al ruiseñor;
And the Tree cried to the nightingale;
"Presiona más cerca, pequeño ruiseñor, o llegará el día antes de que la rosa haya terminado"

'Press closer, little nightingale, or the day will come before the rose is finished'
Así que el ruiseñor presionó más cerca contra la espina
So the nightingale pressed closer against the thorn
y la espina tocó su corazón
and the thorn touched her heart
y una punzada feroz de dolor la atravesó
and a fierce pang of pain shot through her

Amargo, amargo era el dolor
Bitter, bitter was the pain
Y Wilder y Wilder cultivaron su canción
and wilder and wilder grew her song
porque cantó del amor que es perfeccionado por la muerte
because she sang of the love that is perfected by death
Ella cantó sobre el amor que no muere en la vida
she sang of the love that does not die in life
Ella cantó sobre el amor que no muere en la tumba
she sang of the love that does not die in the tomb
Y la maravillosa rosa se volvió carmesí como la rosa del cielo oriental
And the marvellous rose became crimson like the rose of the eastern sky
Carmesí era la faja de pétalos
Crimson was the girdle of petals
Tan carmesí como un rubí era el corazón
as crimson as a ruby was the heart

Pero la voz del ruiseñor se hizo más débil
But the nightingale's voice grew fainter

y sus pequeñas alas comenzaron a latir
and her little wings began to beat
y una película apareció en sus ojos
and a film came over her eyes
Más y más débil creció su canción
fainter and fainter grew her song
y sintió que algo la ahogaba en la garganta
and she felt something choking her in her throat
Luego dio una última ráfaga de música.
then she gave one last burst of music

la Luna blanca lo oyó, y olvidó el amanecer
the white Moon heard it, and she forgot the dawn
y ella se quedó en el cielo
and she lingered in the sky
La rosa roja lo escuchó
The red rose heard it
y la rosa temblaba de éxtasis
and the rose trembled with ecstasy
y la rosa abrió sus pétalos al aire frío de la mañana
and the rose opened its petals to the cold morning air

Echo lo llevó a su caverna púrpura en las colinas
Echo carried it to her purple cavern in the hills
y despertó a los pastores dormidos de sus sueños.
and it woke the sleeping shepherds from their dreams
Flotaba a través de las cañas del río
It floated through the reeds of the river
y los ríos llevaron su mensaje al mar
and the rivers carried its message to the sea

"¡Mira, mira!", gritó el Árbol.
'Look, look!' cried the Tree
'La rosa ya está acabada'
'the rose is finished now'
Pero el ruiseñor no respondió
but the nightingale made no answer
porque yacía muerta en la hierba larga, con la espina en el corazón.
for she was lying dead in the long grass, with the thorn in her heart

Y al mediodía el estudiante abrió su ventana y miró hacia afuera
And at noon the student opened his window and looked out
"¡Qué maravillosa suerte! lloró
'What a wonderful piece of luck! he cried
'¡Aquí hay una rosa roja!'
'here is a red rose!'
"Nunca he visto una rosa igual"
'I have never seen any rose like it'
"Es tan hermoso que estoy seguro de que tiene un nombre latino largo"
'It is so beautiful that I am sure it has a long Latin name'
Se inclinó y arrancó la rosa
he leaned down and plucked the rose
Luego corrió hasta la casa del profesor con la rosa en la mano.
then he ran up to the professor's house with the rose in his hand

La hija del profesor estaba sentada en la puerta

The professor's daughter was sitting in the doorway
Ella estaba enrollando seda azul en un carrete
she was winding blue silk on a reel
y su perrito estaba acostado a sus pies
and her little dog was lying at her feet
"Dijiste que bailarías conmigo si te trajera una rosa roja"
'You said that you would dance with me if I brought you a red rose'
"Aquí está la rosa más roja de todo el mundo"
'Here is the reddest rose in all the world'
"Lo usarás esta noche, junto a tu corazón"
'You will wear it tonight, next your heart'
"Mientras bailamos juntos, te dirá cómo te amo"
'While we dance together it will tell you how I love you'

Pero la niña frunció el ceño
But the girl frowned
"Me temo que no irá con mi vestido"
'I am afraid it will not go with my dress'
"De todos modos, el sobrino del chambelán me envió algunas joyas reales"
'Anyway, the Chamberlain's nephew sent me some real jewels'
"Y todo el mundo sabe que las joyas cuestan más que las flores"
'and everybody knows jewels cost more than flowers'
"¡Bueno, eres muy ingrato!", Dijo el estudiante enojado.
'Well, you are very ungrateful!' said the Student angrily
y arrojó la rosa a la calle
and he threw the rose into the street

y la rosa cayó en la cuneta
and the rose fell into the gutter
y una rueda de carro corrió sobre la rosa
and a cart-wheel ran over the rose

"¡Ingrata!", dijo la niña.
'Ungrateful!' said the girl
'Déjame decirte esto; eres muy grosero'
'Let me tell you this; you are very rude'
"¿Y quién eres tú de todos modos? ¡Sólo un estudiante!'
'and who are you anyway? Only a Student!'
"Ni siquiera tienes hebillas plateadas en tus zapatos"
'You don't even have silver buckles on your shoes'
"El sobrino del chambelán tiene zapatos mucho más bonitos"
'The Chamberlain's nephew has far nicer shoes'
y se levantó de su silla y entró en la casa
and she got up from her chair and went into the house

"Qué tontería es el amor", dijo el estudiante, mientras se alejaba.
'What a silly thing Love is' said the Student, while he walked away
'El amor no es ni la mitad de útil que la lógica'
'love is not half as useful as Logic'
'Porque no prueba nada'
'because it does not prove anything'
"El amor siempre habla de cosas que no sucederán"
'Love always tells of things that won't happen'
'Y el amor te hace creer cosas que no son verdad'
'and love makes you believe things that are not true'

"De hecho, el amor es bastante poco práctico"
'In fact, love is quite unpractical'

"En esta era, ser práctico lo es todo"
'in this age being practical is everything'
"Volveré a la filosofía y estudiaré metafísica"
'I shall go back to Philosophy and I will study Metaphysics'
Así que regresó a su habitación
So he returned to his room
y sacó un gran libro polvoriento
and he pulled out a great dusty book
y comenzó a leer
and he began to read

Fin/ The End

www.ingramcontent.com/pod-product-compliance
Lightning Source LLC
Chambersburg PA
CBHW020134130526
44590CB00040B/619